POEMAS

"A MI AMADO DIOS"

Loida Brito Vda. Maldonado

TITULO: Poemas a mi Amado Dios

AUTORA: Lic. Loida Brito

ÍNDICE

~ *PRÓLOGO* ~

Loida Eunice Brito Bruno fue el nombre que llevó en vida y aun después de varios años de su desaparición física sigue llevando nuestra apreciada hermana en la Fé de Jesucristo, "Tía Loida", una mujer con un porte respetable y una maestra consagrada, no por profesión sino por convicción y por una natural inclinación al saber y a la entrega.

Nacida en un hogar cristiano evangélico y miembro de una innegociable familia de Pastores Evangélicos, de esos pastores, todos Reverendos de los cuales ella fue la "benjamina", acorazados con una fiel e indeclinable pasión por la difusión de La Palabra de Dios, "Tía Loida", habiendo enviudado relativamente joven, todavía con notables atractivos físicos y con una fuerte personalidad, decidió conservarse y consagrarse al Dios y al Cristo que son objeto de su admiración, misma que se expresa en los cantos poemáticos que constituyen esta corta pero profusa obra que hoy tenemos el privilegio de disfrutar y que adelanto la muy probable condición de que se convierta en un venero de aliento espiritual de su familia directa (hijas, hijos, yernos, nueras, nietas, nietos, sobrinas, sobrinos) y de todas aquellas personas que la conocieron y de otras tantas que no tuvieron esa oportunidad.

Su canto poético está matizado fuertemente por su gratitud al Dios de la esperanza y al Cristo de la Salvación y se confiesa pecadora y reconoce que sólo por la Misericordia de ese Dios bueno, bondadoso y paciente tuvo el tino de advertir que Él la llamaba y la esperaba y ella accedió a su llamado y tomó la sabia decisión de seguir sus pasos y convertirse en una misionera a través de la cual Dios pudiera hablarle a otras muchas personas que, como ella, oyen su voz y no se dan por enteradas hasta que el Espíritu Santo redarguye su conciencia y las convence de pecado.

1

Si parodiamos al creador del Modernismo como movimiento poético finisecular decimonono, el poeta mayor de Nicaragua, Rubén Darío, tendríamos que tipificar los versos de **"Tía Loida"** *como Cantos de Vida y Esperanza, con la extrema diferencia de lo terrenal en el primero y lo trascendental en la segunda. Hay un canto de Vida en una estrofa como la siguiente:*

Con el frescor dulce de tu gran presencia
Y el resplandor suave de tu dulce faz
Inundaste mi alma y aún mi existencia
Me embriagaste, y vino sobre mí tu paz

O este otro verso desprendido como media luna de un poema hundido en la reflexión y del cual es justamente la mitad:

Lázaro ven fuera, fue la voz de Poder
Que de labios Cristo resonó
Y el cuerpo yerto e inmóvil de aquí
Al instante la vida recobró

Y también abundan los cantos de Esperanza como se advierte en el siguiente verso:

Allá en el paraíso en tu presencia
Frente al trono, Señor, yo quiero estar
En donde moras, donde yo te sienta
Entre tus brazos quiero reposar

Pero la alabanza de **"Tía Loida"** *no se queda en el puro misticismo de un alma cuya máxima aspiración se traduce en una fina consustanciación con su Creador. También aprovecha las composiciones en las cuales vuelca toda su pasión hacia sus hijos y sus nietos (lo terrenal) y busca cualquier pretexto (Acrósticos,*

Cumpleaños, Aniversarios) para alabar la magnificencia de Dios en su vida y, al mismo tiempo, trasmitir un mensaje de "Buenas Nuevas" a los suyos que todavía no han entregado su vida, en forma sana y absoluta, a ese Dios de su Salvación.

*Para **"Tía Loida"**, Cristiana evangélica, madre, abuela, maestra, poeta, pastora, amiga, consejera, tenemos razones múltiples a fin de solo ver en ella "una mujer virtuosa"*

Carlisle González Tapia

3

INTRODUCCIÓN

*El presente trabajo es una recopilación de escritos y poemas de la **Lic. Loida Eunice Brito Vda. Maldonado**, quien después de haber quedado viuda, decidió guardar lo que escribía para que alguna vez se pudiera publicar. Y así se lo manifestó al Señor, en la oración que a continuación publicamos:*

Mi amado Dios, estos son deseos míos, si te place, antes de llevarme contigo, concédeme dejar para bien espiritual, a mi familia:

-Un libro de poemas y mensajes que guardo en la memoria, Remembranza de algunos años.
- Servirte con fidelidad, en todos los aspectos de mi vida.
- Regresar a vivir y morir en mi país.
- Que toda mi descendencia te sirva en espíritu y en verdad.
- Que me restaures espiritual y materialmente.

A lo largo del desarrollo de este trabajo, podremos apreciar los sentimientos y el apego de la autora a su Dios, a los principios cristianos y a su familia.

Para todos los miembros de su familia es un grato honor que uno de los deseos más profundos de su corazón se pudiera llevar a cabo.
Por toda la vida recordaré sus palabras cuando me decía: "Fausto, tú eres el responsable de que esta publicación se haga porque tienes la facilidad de digitarlos y colocarlos en un disco duro para cuando se tenga la oportunidad"; y pudo haber sido antes, pero siempre estamos sujetos a la voluntad de Dios quien es el dueño también de nuestras vidas.

Tengo la esperanza y convicción de que estos poemas y pensamientos en verso de una escritora que, aunque no tuvo escuela literaria, pudo diseñar cada uno de estos poemas con las normas mínimas que establece la literatura, sean del agrado de todos los lectores.

Fausto A. Maldonado Brito

MISTICISMO

SEÑOR NECESITO TU MIRADA

Señor, yo necesito tu mirada,
Aún sea Señor, para tú corregirme
De inciertos pasos en esta jornada
De mi vida, la final, y conducirme.

Señor, yo necesito tu mirada,
Que broten de tus ojos los destellos
Como rayos de luna en la alborada
Para que así se cumplan mis anhelos.

Señor, yo necesito tu mirada,
Dulce, tierna, serena y amorosa;
Que penetra, examina como nada;
Que transforma hasta hacerme cautelosa.

Tu mirada Señor, es grata y suave;
Nunca acusa a tus hijos desvalidos;
Es consuelo en este largo viaje
Y prodiga cuidado en el camino.

Esa mirada dulce y compasiva,
Que sólo nos infunde paz y amor;
La necesito, Cristo, en esta vida
Y con ella echo fuera mi temor.

¿Recuerdas cuando tú miraste a Pedro?
No pudo resistirla y prorrumpió
En llanto amargo, conoció su yerro;
Tu mirada muy hondo le llegó.

No tuviste que hablar; con tu mirada
Supliste las palabras, mi Señor,
Y él reconoció que tú no le acusabas,
Pues tu mirada sólo encierra amor

También Natanael fue divisado
Por tu mirada santa y bendita;
Diste de él testimonio, asegurando:
"He aquí un verdadero Israelita".

¿Recuerdas mi Señor, que te llevaron
Una mujer del mundo, pecadora?
Tus ojos compasivos la miraron
Y fue mirada fiel, no acusadora.

Yo necesito, Cristo, tu mirada
Ella es mi protección, mi eterna guía;
La necesito desde la alborada,
La necesito siempre, todo el día.

Y así tantos señor...que tú has mirado,
Para inspirarles de tu dulce paz,
Por eso mi Señor, Mi Cristo amado,
Yo quiero tu mirada hacia mi faz.

Abril, 1986

GRACIAS MI AMADO DIOS

Gracias mi amado Dios en este día,
Por tu misericordia para mí;
Por tu cuidado a la familia mía,
Por tu perdón constante y por estar aquí.

Rendida estoy, Señor, ante tus plantas,
Mi rostro no se puede levantar,
A pesar de que siempre me levantas,
Me sostienes y me dejas platicar.

Yo no vengo, Señor, a suplicarte,
Pues nada necesito, sólo a tí
Tú me suples Señor, y el sólo amarte,
Es demasiado grande para mí.

Es que sabes quien soy, pues me formaste,
Con tus manos de amor y de poder;
Es que en toda esta vida me ayudaste,
Nada hay oculto para tí en mi ser.

Este año transcurrió ¡Cuántos recuerdos!,
Agradables o no, pero así fue;
En cada instante estuvimos de acuerdo,
Y siempre en tus brazos yo me refugié.

Te quisiera decir, que quiero amarte,
Que tú eres cual la sombra de mi vida;
Quiero servirte, obedecerte y honrarte,
Porque en tí tengo mi vida escondida.

Mi amadísimo y dulce Salvador,
Cuando analizo parte de mi vida;
Solamente concluyo con tu amor,
Porque sin tí, no estuviera viva.

Me das sabiduría, inteligencia,
Capacidad y uso de razón;
Me demuestras que controlas mi conciencia,
Mis energías y mi corazón.

Señor, mi amado Dios, mi gran amigo,
Mi íntimo consejero; agradezco
Tu cuidado a mis hijos tan Queridos,
A mis nietos y aún hasta el biznieto.

Y yo sé que tu amor también los cubre,
Para que yo no sufra su dolor
Los proteges, los guías y así transcurre,
Nuestra segura relación de amor.

No me quiero escapar de tu mirada,
Quiero escuchar tu dulce voz hablar;
Sentir tus fuertes brazos y abrigada
Seguir toda mi vida, sin cesar.

En el año que inicia, mi Señor,
Yo te doy gracias y te daré siempre,
Pues tú eres mi Dios, mi Salvador,
En esta vida, eternamente.

Te alabo mi Señor, no me despido,

Sólo te saludo en el año nuevo,
Porque eres mi adorado, mi Querido,
Quien fue bueno conmigo, y me seguirás amando.

Hasta el mil novecientos noventa y ocho,
No me fallaste en ningún momento;
Ahora que inicio este año con alborozo,
Guarda mi vida llena de contento.

Que te ame mucho más, mi amado Cristo,
Que obedezca tu voz, cuando me mandes;
Que no me aterren los montes, ni los riscos,
Por donde tú me ordenes que yo ande.

Y así, mi amado Dios, humilde, en calma,
Cruzaré por los valles de esta vida,
Llevando tu mensaje a toda alma,
Que se encuentre enferma, o esté dormida.

Llévame, con mis pies, donde te agrada,
Donde quieras, mi amado Salvador;
Y el eco de tu voz, donde yo vaya,
Transmitiendo consuelo alentador.

Diciembre, 1998

TE ALABO MI SEÑOR

Señor reconozco en verdad que nada soy,
Que nada valgo yo en el universo,
Que si existí fue por tu favor,
Porque yo nada soy, esto es muy cierto.

Un día, mi Salvador, tú me llamaste,
Fui sorda y hasta indiferente;
Yo no entendía que tú a mí me buscaste,
Para servirte a tí, fervientemente.

Sólo por tu misericordia persististe,
Detrás de mí, que sé que no soy nada;
Siempre a mi lado, pues siempre me quisiste
Hasta me enderezaste mis pisadas.

Has tenido un amor incomparable,
Me ves que te desprecio y aún me amaste,
Y peco, hago cosas increíbles,
Y aun así, Señor, me perdonaste.

Seguí mi lucha, por ser muy torpe aún,
Y no amarte Señor, ni comprender,
Que eres dulce, muy tierno, que eres todo,
Que eres el dueño de todo mi ser.

Más hoy, con lágrimas, te alabo Dios.
Porque tu amor es grande para mí;
Tú has sido un bálsamo en mi vida hoy;
Señor, ¿por qué misterio tal no comprendí?

Tú me seguiste, nunca me dejaste,
Cuando pequé sentí repugna hacerlo,
Fue porque conmigo te enojaste;
Pero cual indefensa, me amparaste.

Es que en mi superficie espiritual,
Yo no podía calar mis sentimientos,
Pero hoy, mi Salvador, quiero llegar,
A la profundidad del pensamiento.

Eres mi pensamiento día y noche,
Ahora sé lo que tanto tú me amas,
Yo quiero intimidarme más y más,
Y refugiarme en tí, entre tus alas.

Suples en abundancia mis carencias,
Tus promesas me llueven a raudal,
Pero era ciega, sólo tenía ciencia;
Y así entendía dónde me querías llevar.

Yo te alabo Señor, te alabo siempre,
Porque también tú sabes mis deseos,
Y mis intimidades, y mi mente,
Los llenas de placer, yo así lo veo.

Me diste vida, paz y dicha eterna,
Es tu sonrisa que se plasma en mí;
Los años me hacen cada vez más tierna,
Siento satisfacción y gozo en tí.

Te alabo mi Señor, mi Dios, mi amado,
Mi léxico se agota frente a tí;

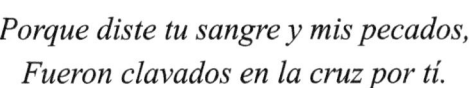

Porque diste tu sangre y mis pecados,
Fueron clavados en la cruz por tí.

Eres mi sol, mi luna, mi existir,
Mi suplidor, mi Salvador y guía,
Mi alentador, mi suspiro y mi vivir,
Mi bálsamo, mi amado, mi alegría.

Cuántas cosas quisiera aun decirte,
Que tú eres para mí, mi Salvador,
Eres cual un torrente y al bendecirme,
Tu caudal se hace inagotable, arrollador.

Te alabo mi Señor, Mi Dios, Mi Amado,
Te bendigo mi Dios, mi ayudador;
Mi eterno Salvador y mi adorado,
Mi refugio, mi amparo y Redentor.

Mi alabanza hacia tí no ha terminado,
No pretendo llegar hasta el final;
Porque continuaré siempre a tu lado,
En esta tierra y en la eternidad.

TE ESPERO

Te fuiste de mi lado sin motivos,
Esperándote estoy a cada instante,
Escuchando tu voz y tus suspiros;
Susurrando a mi oído suplicante.

Que me dices:

Perdóname Señor, pues me he alejado
Errabunda yo estaba y sin tu aliento
Retorno nuevamente mi adorado
Otra vez a tus brazos…

"Me arrepiento".

Horror y espanto me da saber que un día
Una voz de trompeta sonará
Millares estarán con alegría
Buscando la señal que se verá

Es el hijo del hombre que en las nubes
Regresa por sus fieles a buscar
¿Te hallarás listo? Él te llama, sube
Oye su voz, ven, Él te ha de salvar.

A MI AMADO DIOS

Tú eres mi paz, mi fuerza, mi cariño,
Mi fortaleza depende de tí.
Me tienes en tus brazos como a un niño
Y dondequiera tú cuidas de mí.

Si duermo, me confortas en mi sueño
Me despiertas y me encuentro felíz.
Convencida yo estoy que eres mi dueño,
Mi guía, mi sostén, mi amado, SÍ.

Nunca termino de parlar contigo,
Cada vez más, me siento a tí humillada.
Sé que eres mi Señor, eres mi amigo,
Yo soy tu hija fiel, soy tu amada.

Y hoy, cuando se inicia un año nuevo,
Que veo la nieve del cielo caer,
Te bendigo y te pido que un renuevo
De amor y gracia, brote aquí en mi ser.

Como médico privado y mi abogado,
Conoces mi salud y de mi caso;
Tu resolverás, mi Dios amado,
Y con firmeza, seguiré tus pasos.

GRACIAS AMADO DIOS

Hoy cumplo un mes y nada me ha faltado,
Tu cuidado es constante sobre mí;
En cada instante, tú me has ayudado,
Y tu presencia aún la he sentido aquí.

Gracias mi amado Dios, mi compañero,
El que no cambia, siempre permanece;
A quien servirle es todo mi anhelo,
Porque es Dios Santo, puro y se engrandece.

Gracias por mi estadía en la tierra,
Gracias mi amado, Dios por ese amor;
Constante, puro y hoy mi vida entera;
Vuelvo a entregarte, amado Salvador.

Enero 2000, Santo Domingo.
Agradecida de la vida después de ser operada

A MI AMADO Y BUEN DIOS

Gracias amado Dios, que me dejaste
Ver un día más, un año y un milenio;
Porque en tu grande amor, tú me sanaste;
Te doy gracias Señor, mi tierno dueño.

Al iniciar el año que pasó,
Hablé contigo a través de mis poemas;
Te expuse mis deseos y se cumplió
Tu grande voluntad, en forma plena.

Te doy gracias mi amado Salvador,
Porque tu fortaleza me amparó;
Mi grande enfermedad y mi dolor,
Con tu poder inmenso se sanó.

Ahora que se inicia un año nuevo,
Y a la vez un milenio comenzó;
Ante tus pies me encuentro y con aferro,
Te hablaré de este ciclo que inició.

Yo quiero que tu gracia me sostenga,
Que tu paz sea abundante cada día;
Que el Espíritu Santo me defienda,
Y que mi ser refleje tu alegría.

Que cuando yo camine por los lares,
En mis pasos pueda demostrar,
Que vives en mi vida y cual las aves,
Puedas seguir segura en todo lar.

Que tu mano sostenga con ternura,
Mi cuerpo vacilante y sin vigor;
Pues sólo en tí me sentiré segura,
Y así hablaré con otros, de tu amor.

Es mi grato deseo que yo proclame,
Lo que has hecho en mi vida material;
Que en tu bondad te dignaste sanarme,
De una terrible enfermedad mortal.

Porque eres el Señor de lo imposible,
El gran YO SOY, el fuerte y sanador;
Eres excelso, el grande y el sublime,
Gracias mi amado Dios, gracias Señor

Enero 2000

SANIDAD

Toda carne enferma, dice La Escritura,
Cual real advertencia a la humanidad,
Por el gran pecado, y además augura,
Que sólo uno puede darle sanidad.

Difícil creer esta gran palabra,
Pero ella es tan fiel, como real;
Es esa la causa porque mi alma alaba,
Al Dios Soberano, Fiel y sin igual.

Observo tranquila situación como esta,
¡Qué enfermedad vino, fue un terrible mal!
Cual Job, quien, por cierto, estuvo a tu diestra,
Y su mal tremendo se pudo curar.

Amado Dios mío, mi Rey Soberano,
Mi mal nunca pudo perturbar mi paz;
Me diste tu gracia y con tu fuerte mano,
Me guardaste en calma, sostén y solaz.

Te exalto y bendigo, mi gran Dios amado,
Gran prueba en mi carne pude yo vencer;
Pero por tu gracia y tierno cuidado,
Otra vez mostraste, en mí, tu querer.

Con el frescor dulce de tu gran presencia
Y el resplandor suave de tu dulce faz,
Inundaste mi alma y aún mi existencia,
Me embriagaste, y vino sobre mí tu paz.

Y al verme en tus brazos calmada y protegida,
De todo peligro que abunda alrededor;
De nuevo confiada te entregué mi vida,
A tí Rey, mi amado, mi fiel Salvador.

Si quieres que por siempre esté contigo,
Gozando la grandeza de tu amor,
Entregada a tí estoy, mi Dios, mi amigo,
Dondequiera que vaya, iré, Señor.

Por supuesto, Señor, siempre contigo,
En tierra o cielo, pero junto a tí;
Eres eterno y sé que tú estás vivo,
Grande certeza que me diste a mí.

Allá en el paraíso en tu presencia,
Frente al trono, Señor, yo quiero estar;
En donde moras, donde yo te sienta,
Entre tus brazos, quiero reposar.

Mi Dios, a tí me entrego, despojada,
No tengo nada que brindarte aquí;
Sólo mi alma transida y angustiada,
Recíbela Señor, es para tí.

Agradecida de que tú mandaste,
A Jesucristo a salvarme a mí;
Derramando su sangre, y perdonaste,
Los tantos pecados que yo cometí.

Me salvaste Cristo y sanaste mi alma,
Sanaste mi cuerpo, algo excepcional;

Abundante gozo, ternura y gran calma,
Inundó mi alma para allá morar.

Y me voy tranquila, quieta y reposada,
Porque vas conmigo, me vas a guiar;
Donde vives y reinas en una morada,
Contigo, mi Cristo voy a descansar.

Gracias Padre Amado, gracias Jesucristo,
Espíritu Santo, gracias yo te doy;
Tu misericordia me alcanzó y yo grito:
¡Gracias por tu gracia.... CONTIGO ME VOY!

Último poema enero 2003

REFLEXIÓN

Me dejaste, Señor, en esta tierra,
Avergonzada estoy, mi Salvador;
Porque no he proclamado dondequiera,
El gran milagro, mi Dios, mi sanador.

Úsame con poder del Santo Espíritu,
Yo quisiera hacer algo para tí;
No te puedo pagar por eso, insisto,
Escóndeme en tu ser y mora en mí.

60 días después de la operación.

GRATITUD

Mi amado Salvador, mi bien eterno,
Gracias por tu clemencia y compasión;
A esta sierva, que desea corazón tierno,
Para amarte y servirte con pasión.

Gracias, te doy Señor, por otro año,
El 21 de Marzo dos mil tres;
Me cuidaste y tomaste de la mano,
Me quitaste inquietudes y aún estrés.

Gracias mi amado Dios, mi Soberano,
Por cubrirme y librarme de maldad;
Doquiera fuí me extendiste tu mano,
Me diste protección y tu bondad.

Gracias mi Dios Señor, por cada hijo,
Por cada nieto, hermano y demás;
Por los yernos y nueras, y ¿qué te digo?,
Por tu amor hacia ellos de verdad.

Me diste 4 hijos y un esposo,
Él está en tu presencia, descansando;
Los hijos llenan mi vida de gozo.
Los nietos la completan jugueteando.

Otra vez te doy gracias con cautela,
Por tú traerme a este humilde hogar;
Donde, desde el amor que se refleja,
Lo compartimos en este lugar.

Por mi primera hija Ramonita,
Su esposo Humberto, guíalos donde van;
A Humbertico y su familia,
Carmen Julia, Humbertitico e Iván.

A Oliver, casado muy reciente,
Con Disnaida, Señor que tu poder
Los sature y con fé ardientemente,
Reciban gracia, para ellos vencer.

Señor mi Dios, ¡cuánto yo te agradezco!,
Que esa familia anda en tu verdad;
Contesta sus deseos y sus proyectos,
Que estén de acuerdo con tu voluntad.

Envuelve mi familia en tu regazo,
Que ni un instante estén fuera de tí;
Que siempre los estreche entre tus brazos;
Mi amado Dios, yo espero que sea así.

LEVANTATE

Lázaro ven fuera, fue la voz de poder,
Que de labios de Cristo resonó;
Y el cuerpo yerto e inmóvil de aquí,
Al instante la vida recobró.

Levántate cual Lázaro y sal fuera;
Oye la voz de Cristo que te llama,
Él te ofrece la vida verdadera,
Acéptale por fé que Dios te ama.

Despúes de terminar un mensaje titulado VEN FUERA....Lawrence,
1972 En la madrugada del 17 de octubre 1990, como primicia y
alabanza de agradecimiento al Señor porque ha sido bueno conmigo
siempre y como recuerdo para mis poemas.

GRACIAS

Te alabaré, oh Dios, con todo mi corazón,
Delante de los dioses te cantaré Salmos.

Me postraré hacia tu santo templo,
Alabaré tu nombre, por tu misericordia
Y tu deidad, porque has engrandecido
Tu nombre y tu palabra sobre todas las cosas.

El día que clamé, me respondiste,
Me fortaleciste con vigor en mi alma.

Te alabarán, oh Jehová, todos los reyes de la tierra
Porque han oído los dichos de tu boca.

Y cantarán de los caminos de Jehová,
Porque la Gloria de Jehová es grande;

Porque Jehová es excelso, y atiende al humilde,
Más al altivo mira de lejos.

Si anduviere yo en medio de la angustia,
Tú me vivificarás
Contra la ira de mis enemigos extenderás tu mano
y me salvará tu diestra.

Jehová cumplirá su propósito en mí.
Tu misericordia, oh Jehová, es para siempre
No desampares la obra de tus manos.

(Tomado del salmo 138)

Noviembre 1995

ACRÓSTICOS

RAMONA ELISA

R ecibe para tí mi inspiración

A scendiste a la meta deseada

M i deseo es, que seas de toda bendición

O ptimista siempre se que te mostraste

N unca fuiste insegura, ni perdiste la Fé

A delante, que el triunfo no es de los cobardes

E s sólo de valientes, así lo ves

L a luz de esperanza llene tu camino

I lumine siempre tu sendero bien

S atisfaga y cumplas tus necesidades

A quel que es la vida, que nació en Belén.

A mi primera hija, Ramona Elisa,
cuando se graduó de Licenciada

JACOBO

J usto a tiempo un día llegaste al mundo

A cumplir tu misión de ser humano

C on la misma, el amor fue más profundo

O tro fruto Señor, es de tu mano

B ienvenida te dimos y sonrientes

O ramos al Señor que te nos dió

M ostramos nuestro hijo a mucha gente

A nunciando que Dios nos lo concedió

L uego creciste en un hogar cristiano

D icha sin par deseada por mil

O bedientes al Señor, te bautizamos

N os sentimos gozosos y felices

A lcanzaste la dicha de tener

D os personas que siempre te admiramos

O rgullosos nos sentimos y tú precioso nombre
siempre recordamos

B ueno fue que lo hiciera porque así

R ecuerdo para siempre al dulce amado

I y nunca olvidaré, que sólo a ti

T e regaló tu nombre y oré al sellarlo

O jalá lo obstentes con amor y honor es mi deseo.

En mi escritorio a los dos días de mi nuevo empleo en hora
del recreo, en el liceo Nuevo me sentí motivada a escribir
esto para tí mi hijo JACOBO MALDONADO BRITO
Julio, 1997

DULCE ESPERANZA

D ios en su misericordia

U na vez más quiso dar

L a felicidad y concordia

C omplaciéndote en tu andar

E res muy sentimental

E so puedo decir

S ólo te puedo desear

P lacer, dicha sin fin

E s la petición de madre

R eferida a su creador

A uxilio encuentres al hablarle

N unca se aparte su amor

Z surca los vientos y mares

A lza tu voz para Dios

No dejes de ofrendarle tus canciones,
Alaba siempre a tu Dios
A Mi tercera hija

31

FAUSTO ALEJANDRO

F uiste nuestro benjamín el más pequeño de todos

A labado sea mi Señor, quien escuchó nuestro clamor

U til nos serás siempre, lo tengo confirmado

S abio como Salomón

T odos tus dones serán de mucha bendición

O ye estas prosas para tí, hijo de mi corazón

A todos los que te rodean

L es has dado mucho amor

E n armonía todo podrás lograr

J unto con tu Salvador

A l Todopoderoso le rogamos

N os mantenga en amor

D ignarse y darte su unción

R ealiza el trabajo en su honor

O frenda tus pies y talento en las manos del Señor

Mi cuarto hijo

HUMBERTO HILARIO APONTE

H ijo no es todo aquel que se engendra

U nicamente dentro del ser

M erecen muchos como prebenda

B uena acogida, sincero y fiel

E res tú uno de esos queridos

R ayos que alumbra cualquier rincón

T omaste el puesto bien adquirido

O stentas honra en mi corazón

H ijo!!! te digo, y eso es sincero

I gnoras cuanto yo oro por tí

L o sabe el Padre que está en el cielo

A quien no miento, sabes que sí...

R uego te llene de bendición

I nunde todo tu ser de paz

O iga tus ruegos y peticiones

A traviesa los sitios escarpados

P ermitió Dios que Él se glorificara

O bservando tu humilde corazón

N o se escondió de tí cuando clamabas

T e suplico que oigas mi petición

E l eterno me oyó que le llamaba

Con amor para mi hijo Humberto,
como un recuerdo de tu caballo en la finca (1999)

～ NIETOS ～

HUMBERTO HILARIO MALDONADO

H acedor y creador del universo

U nico soberano es nuestro Dios

M uestra su incomparable amor excelso

B endiciéndote

E l te concede llevarte a las alturas

R ecrearte en las alturas de su amor

T omar en las montañas y collados

O xígeno más puro y sin temor

H ijo siempre ferviente y amoroso

I nspiración de aliento y de valor

L as luchas de la vida, enfrenta animoso

A ctivo, hacia delante, con ardor

R esponsable, sereno y generoso

I nteligente, sabio y de razón

O asis para todos, bondadoso

M entor espiritual de corazón

A ma a tu Dios por siempre y sus promesas

L uz a tus pies siempre te alumbrarán

D ale tus sentimientos, y riquezas

O btendrás hasta la eternidad

N unca desmayes, que el triunfo te espera

A lcanzarás la meta y con su unción

D ios está delante, avanza, llega!!

O h mi nieto, recibe bendición

A mi primer nieto.

OLIVER MELVIN HILARIO MALDONADO

O h Señor, un deseo para mi nieto

L o presento ante tí, en este momento

I mplorando nada estorbe y....todo quieto

V iértase de tu faz, tu dulce acento

E s que quiero Señor ¡¡que lo bendigas!!

R icamente con tu gracia y protección

M antenle a tu derecha y que él te siga

E nteramente con su corazón.

L uces enciendes por donde él transite

V ictoria siempre él obtenga en su vida

I deales cumplidos, y que habite

N otablemente en esperanza viva

A mi segundo Nieto

R ecordamos con gozo y alegría

A quel momento tan excepcional

U na noche llena de alegría

D ecidiste llegar a nuestro Lar

Y toda la familia se alegraba

E nmanuel es el nombre que va a llevar

N iño bello, robusto, saludable

M irando fijamente quien le amaba

A sí será dispuso hasta el final

N o dejaré por tí a Dios orar

U nción de Dios que caiga sobre tí

E terna bendición del Dios loable

L egado del perdón por siempre aquí

M i deseo es que seas grande

E n la gracia de Dios, nuestro Señor

L ibertado del pecado que siempre andes

O btengas protección del eterno Salvador

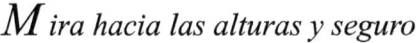

M ira hacia las alturas y seguro

A Dios como tu padre y tu Señor

L ee los consejos en sus escrituras

D adas a todo el pueblo en amor

O bedece a tus padres, sé respetuoso

N unca olvides su enseñanza y devoción

A ntes, su amor recuerda y cuidadoso

D ales cariño, amor de corazón

O btendrás la más grande bendición

A mi tercer nieto

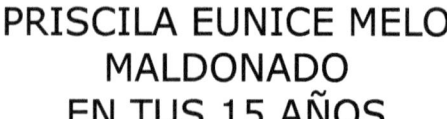

PRISCILA EUNICE MELO MALDONADO EN TUS 15 AÑOS

P oderoso el Señor, te ha dado fuerzas.

R efugio ha sido a tí desde tu infancia.

I luminó tu vida y en tus flaquezas

S e levanta y te alcanza con su gracia.

C aminas paso a paso en la jornada

I ncierta de esta vida tan eficáz

L e das la mano a la persona amada.

A l caído levantas con tu faz.

E res como una rosa en primavera.

U n sol radiante, al empezar el día.

N iña fragante, tierna y aún sincera.

I nmensas bendiciones, nieta mía.

C ierra tu vista al mal y a las pasiones.

E terno es Dios, siempre él te sostendrá.

M ira hacia el cielo, donde hay bendición.

E xcelso es Dios, siempre te ayudará.

L as piedras del camino, el Dios bendito.

O sadamente un día las quitará.

M ira hacia el cielo, donde hay bendición

A hora y siempre él te bendecirá

L os 15 años que cumples, es un sueño

D e ilusiones que tiene su lección

O h Señor, tú que de ella eres su dueño.

N o la dejes, prodígale tu amor

A madísimo Dios, aun más, te clamo.

D e tu profundo amor llénala más

O h Señor, pon sobre ella tus manos

Bendiciones a mi segunda nieta, en tus 15 años, sigue siendo humilde, obediente, sumisa, tomando buenas decisiones, regando el perfume de alegría al pasar por el camino; brindando una sonrisa a aquellos que necesitan ver un rostro alegre, jovial y sincero; sigue atravesando nubes grises de la vida, que un día se disiparan. Y recuerda, que al final hay una dicha para los que confían en Dios; para el hombre de Paz. Tu abuelita.

TALÍA ALEJANDRA MALDONADO PAYANO

T alía con el corazón,

A buela Loida te envía,

L etras de su inspiración

I njertadas a este día

A buen tiempo tu llegaste

A este hogar y a la familia

L a alegría penetraste

E n todos y al alma mía

J usto lo que había soñado

A morosa como tú

N uestro gozo completado

D ios te dió gracia y salud

R iegas dulzura a raudal

A lejandra sin igual

A mi tercera nieta

42

AURORA OTERO BRITO

A mante, dulce, tierna y amorosa,

U n raudal de virtudes te embellece

R emanso eres de paz, eres dichosa,

O stentas dones cuales te ennoblecen.

R eina eres, del hogar, pues has logrado,

A scender los peldaños y las cimas,

O bserva los logros alcanzados

T en confianza en la fuente de ellos,

E n sus pasos avanza segura

R uego al poderoso, te bendiga

O rienta tu vida hacia su trono; alaba

B endiciones del cielo recibirás

R egocíjate y canta, soberana,

I gual que un ruiseñor, alza tu voz

T odos los días, todas las mañanas,

O bserva el dulce hogar que Dios te dió.

A mi cuñada pastora, en el día de su coronación como
reina de las pastoras, 29 de Mayo de 1996, New York, USA

INNA MACIEL KING PEREZ

I luminas cual rayo refulgente

N aciste y alegraste a toda la gente

N ecesitada de saber amar

A mor les reflejaste en tu suspiro

K arisma se notó, dicha sin par

I nocente creciste y en tu nido

N ecesario, quisiste siempre estar

G ózate del cariño de tus padres

P rodigado en ambiente espiritual

E speranza y futuro te han brindado

R isas, cariño de todo a raudal

E ntre sus brazos dichosos sentirte

Z ona de luz eres para tus hermanos

A mi hijita, de su pastora (Oveja de mi redil)

LICEO INTERMEDIO DOMINGO FAUSTINO SARMIENTO

D esde una tarde quieta y serena

O sada y firme me incorporé

M iraba en todos sonrisas tiernas

I y una acogida dulce y de pie

N unca pensaba que eran ladrones,

G ansters famosos, pero de amor

O btuve pruebas y con razones

F ui también presa cual ruiseñor

A mor mostraron sincero y puro

U nidos todos sin variedad

S iempre sentí refugio seguro

T ierno, sublime, dulce en verdad

I nigualable centro docente

N unca en la vida podré borrar

O lvidar menos podrá mi mente

S u incomparable forma de amar

A gradeciendo tanto cariño

R espeto, honor y sinceridad

M iro hacia el cielo y al padre pido,

I nunde a todos de su bondad

E xista siempre la Gracia plena,

N unca se rompa esa santa unción

T oda su vida sea de paz llena

O s guarde llenos de bendición.

Liceo experimental, donde trabajé por tantos años.

A SOCIEDAD BIBLICA
DOMINICANA

S ociedad que trabajas en tu obra

O bediente realizas la jornada

C ubriendo ese país para que corra

I ninterrumpidamente La Palabra

E res el ministerio más preciado

D as la semilla a todo sembrador

A yudas a aplicar bien el arado

D onde se necesita mas amor

B iblia es la semilla que presentas

I rradia de ella la luz de su Palabra

B ella, viva, eficáz, con ella orientas

L as vidas, hasta que su corazón se abra

I ncreíble el trabajo que realizas

C orre como raudal en la nación

A bre surcos, impide cortapisas

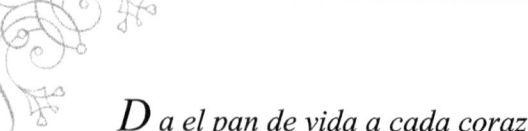

D a el pan de vida a cada corazón

O tros osados siervos, siempre bien dispuestos

M antendrán el trabajo con valor

I y constante, seguros que de cierto

N ada podrá quitarles su fervor

I luminas, no ceses el trabajo

C omo antorcha estás puesta en este lar

A delante, Jesús está a tu lado

N unca te deja, Él te ha de ayudar

A ser canal de bendición sin par.

Amada institución, donde pasé gran parte de mi tiempo como voluntaria.

CUMPLEAÑOS

A MI HIJA RAMONA ELISA

Mi querida hija primera,
Muy especial para mí,
Te deseo que en primavera,
Puedas disfrutar feliz.

Que este día de cumpleaños,
Que ni yo interrogaré,
Dios te regale más años,
Que los disfrutes a su vez.

Sé fiel a nuestro creador,
Y tu familia también;
Esa es la herencia mejor,
Que le podéis ofrecer.

Y así sigue tu jornada,
Con juventud, bella unción;
Ramonita mi hija amada,
Feliz año y bendición.

A mi primera hija, compañera de mis inicios.

JACOBO MALDONADO

Llenar quisiera de gracias,
Los cielos y el firmamento;
Pues me siento agradecida,
De ti, en este momento.

Le doy gracias al creador,
Porque una noche feliz;
Viniste al gran universo,
Para hoy socorrerme a mí.

No me canso de pensar,
Y de mirarte al reojo;
¡Y de mirarte, sin reservas!
Y lo haces para todos.

Nunca te encuentras cansado,
Cuando me toca una cita;
Y aunque estés muy ocupado,
Lo dejas atrás y me asistes.

¿Tendrá eso recompensa?
¿Eso es honrar a mamá?
¿Eso es alguna querencia?
Dios te pague, mucho más.

No me falta el alimento,
Justo a tiempo viene todo;
Dios te usó como instrumento.
Recuerda que no estás solo.

51

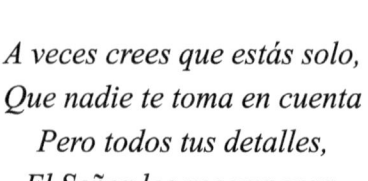

A veces crees que estás solo,
Que nadie te toma en cuenta
Pero todos tus detalles,
El Señor los recompensa.

Por eso doy gracias mil,
Al Dios Padre y Redentor;
Por concederte vivir
Y nacer un día como hoy.

En tu feliz cumpleaños,
Que lo disfrutes muy bien
Que tengas paz en tu alma,
Y eterna dicha también.

Yo me siento muy contenta,
De pasar este año aquí;
Para poderte decir:
¡JACOBITO...SE FELIZ...!

Mi Segundo Hijo y Compañero en mi enfermedad.

DULCE ESPERANZA

El primero que cumpliste,
No sé si lo celebré;
Pues estaba tan en malas,
Que ni un bizcocho compré.

En el segundo venían,
Tristezas y mucho más;
Y después fue lo del niño,
Imposible celebrar.

Del tercero te imaginas,
Por cierto...en un mismo mes;
Atrapé los tres de un tiro,
Y al fin te lo celebré.

Ya del cuarto en adelante,
Todos tenían que esperar;
El día 30 o el mes entrante,
Para su día celebrar.

Quinto, sexto hasta el octavo,
Noveno y décimo aún;
Iban en conglomerado,
Era una fiesta en común.

Ya desde ahí en adelante,
La cosa se complicó;
Y ese día, todos gritaban,
Quien cumple años soy yo.

Sólo el día 13 de mayo,
La cosa era con fervor;
Pero me inventé cual mago,
Como saliera mejor.

Suerte que en el pobladito,
No habían 15 ni algo igual;
(por eso pues los pasamos por alto)
Hasta que abrimos
Los de aquí en la capital.

A dividirnos to' el mundo,
Jacobito me gritó
Dulce, le siguió los pasos,
Y Fausto, fecha aclaró

¡Ataja!, Decía Jacobo,
Ramonita se quedó;
Y en el vaivén de los años,
Hasta a Loida le tocó.

A repartir cumpleaños,
Hasta Casildo saltó;
Y una fecha muy propicia,
Por cierto él se la apropió.

Ya más de quince tenias,
Cuando tu papá murió;
Y como último regalo,
Un radito te dejó.

El mismo, era un perrito,

Que del tiro se peló;
Pero lo importante era,
Recordar quien te lo regaló.

Y desde ahí en adelante,
Con todo llanto y dolor;
¡ A celebrar cumpleaños!,
Sencillos y con amor.

Yo sé, que como tu nombre,
Dulce Esperanza tendrás;
Porque el Dios de todo Pacto,
Su bendición te dará.

Debes servirle y amarle,
Y darle todo tu ser;
Ya que El te dió en esta vida,
Dos hijos a quien querer.

Te dio un don inigualable,
Que debes aprovechar;
Que nadie, ese talento,
Te lo pueda arrebatar.

Es el don de cantar, ¿sabes?,
Es un don muy especial;
Úsalo con sencillez,
Y Dios te va a respaldar.

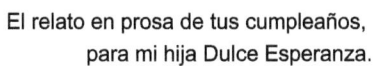

El relato en prosa de tus cumpleaños,
para mi hija Dulce Esperanza.

CUMPLEAÑOS 50

Damos gracias al Señor,
Por cada año que El te da;
Que te conserve en su amor,
Y te guarde en su verdad.

En esta oportunidad,
Cuando cumples los cincuenta;
Que Dios te siga llenando,
De su gracia y Su presencia.

Que la bendición de Dios,
Nunca se aparte de ti;
Que su rostro resplandezca,
Y su amor te preserve.

Ese es el deseo sincero,
de tu madre a Cierta Edad;
Que en todo, Dios te revele,
Lo que El quiera de verdad.

Yo no te dejo mi herencia,
Ni nada aquí material;
Sólo pude en tu conciencia,
Sembrar el bien eternal.

Como eres inteligente,
Y Dios te dio ese saber;
Atesóralo por siempre,
Y cumple con tu deber.

Cuando parta de este mundo,
Me iré con satisfacción;
Que ni un día ni un segundo,
Te faltará su bendición.

Para mi fausto querido, mi último, y más joven hijo,
en sus cincuenta, para su archivo y mi ¨libro¨.

LOIDA EUNICE MALDONADO

Hoy que cumples 15 años,
Cambia el cielo de tu vida;
Asciendes nuevos peldaños,
Y algunas metas cumplidas.

Eres cual una violeta,
Cuando se encuentra en botón;
Y en tu vida, aunque secreta,
Siempre llamas la atención.

En el jardín de la vida,
Eres flor muy especial;
Que llenas a la familia,
De alegría sin igual.

Loida Eunice, te deseo,
Bendiciones del creador;
Que te llene de su gracia,
Dicha, paz y santo amor.

Esta Biblia en español,
Te la voy a regalar;
Esperando que el Señor,
Te ayude a interpretar.

A mi primera nieta, primera hija de Jacobo

FAUSTO ALEJANDRO MALDONADO PAYANO

Fausto Alejandro te llamaron,
Y naciste como una bendición;
Que Dios te conserve correcto,
Y te cubra con santa unción.

Con tus ojos azules tu mirada pusiste en mi,
Como si me dijeran ellos, a mis padres veo feliz;
El Bebo te decía tu abuela querida,
Con mucho cariño para ti,
Besos y abrazos siempre te daré.

Que tu dulce mirar no sea esquivado,
Que tu sonrisa no pueda variar;
Que el dulce acento de tu voz,
Siempre a mi oído pueda susurrar.

A mi quinto nieto en su cumpleaños, primer hijo de Fausto

CUMPLEAÑOS DE ISAAC

Isaac te llamaron mis padres,
Seguros de una bendición de Dios;
A él te encomendaron, no defraudes,
Al Dios amado, a aquel que te creó.

Como una invocación, vívida llama,
Bendita y especial, sacerdotal;
Rápidamente penetró en tu vida,
Intensamente te hará continuar.

Tropezones, caídas, has tenido,
Obstáculos sin fin; pero a la vez;
Bendiciones del Santo Ungido,
Rodeándote por completo hasta tu tez.

Únete a tu familia y a tu gente,
No quites tu mirada del creador;
Ostentarás la vida que al creyente,
Dios le reserva por su gran amor.

A mi hermano Isaac en su cumpleaños

EN MI AUSENCIA DE CUMPLEAÑOS

Si no hubiera yo querido,
A su ladito pasar;
Sus cumpleaños habidos,
Para juntos celebrar.

De aniversarios y bodas,
Yo no les voy a narrar;
Porque cada uno de ellos,
Tiene algo muy especial.

Paso a paso, en esta vida,
Descubrimos más secretos;
Uno de ellos, la partida,
De una abuela sin sus nietos.

De seguro que esta abuela,
En su corazón lloró;
Pero Dios, quien la consuela,
Sus lágrimas enjugó.

Eso de los cumpleaños,
Le ha complacido la vida;
Ella nos dice un "Te Amo",
Y aunque esté lejos, nos mima.

En su última despedida,
Algo extraño sucedió;
Al cumplir años de vida,
Varias familias no vio.

A todos nos ama mucho,
Con todos quisiera estar;
Pero había que ser muy dichoso,
Y ahora les voy a narrar:

ENERO

En Enero mi nieto Fausto,
Nos nació cual bendición;
Que Dios te conserve incauto,
Y te de su santa unción.

FEBRERO

Raudy Enmanuel, Loida Eunice,
Dos nietos en cada lar;
La Biblia Santa nos dice,
De esos nombres especial.

Enmanuel, Dios con nosotros,
Loida Eunice, abuela y madre;
Que Dios ponga en vosotros su rostro,
Y que el Salvador les guarde.

Loida Eunice fue en Febrero,
Primera nieta especial;
Lleva el nombre de su abuela,
Un legado sin igual.

Y Carmen Julia, otra hija,
Adquirida con amor;
Que con su don de paciencia,
Le regaló el Señor.

MARZO

En marzo, ya en primavera,
Ángel Martín me nació;
Y en medio de dos abuelas,
El pequeñito creció.

Dios te bendiga Ángel Martín,
Te dé gracia, paz y amor;
Que con ejemplo te ayudemos,
A seguir el mandato del Señor.

ABRIL

En abril no apareció,
Ningún nieto ni biznieta;
Y la abuela se quedó,
Esperando, con los ojos bien abiertos.

MAYO

Una preciosa niñita,
Justamente nos nació;
Le pusimos Ramonita,
Como bendición llegó.

Eso fue un 13 de mayo,
Que Dios nos la dio;
Ha servido como ayo,
Sabia y sincera creció.

JUNIO

En junio, Jacobo, el nieto Júnior, nació,
Precioso, como el papá;
Y siempre luce contento,
Dios te rodee con su paz.

JULIO

Oliver, un nieto amado,
Que llevo en mi corazón;
¡Conserva esa bendición!,
Sé que el Señor te ha premiado.

Y Disnaida no se queda,
Fue la última adquisición;
Que Dios siempre te conceda,
Los deseos del corazón.

También a mi nieto Humbertico,
Le deseo bendición;
Y recuerdo que Jesucristo,
Llena de paz su corazón.

AGOSTO

En esta época hermosa,
Otro regalo llegó;
Fue Dulce Esperanza muy graciosa,
Que de alegría el hogar llenó.

Pero así mismo su hija,
Priscila Eunice también;
Que Dios siempre la proteja,
Y llene todo su ser.

SEPTIEMBRE

El primero de Septiembre,
Un hombrecito nos nació.
Muy peludo y bonito,
Como un gorrito su pelo tornó.

Dios te proteja mi hijito,
Que te cubra con su amor;
Que cada día de la vida,
Seas lleno de bendición.

OCTUBRE

Maria del Carmen es otra hija,
Que nos ha regalado el Señor;
Y junto a su esposo Fausto,
Se que unidos alabarán al Señor.

NOVIEMBRE

Mi otro querido hijo Humberto,
Solo quiero que lo sepas;
Cada día en mis oraciones.
Al Señor que me contempla.

DICIEMBRE

Y ya para finalizar de todas las bendiciones,
Que mi amado Dios me ha dado; Con esta pieza
culmino,
Muchas felicidades a mi nieta mas pequeña Talía
Maldonado.

Primer cumpleaños en los E. U. A.

EN TU BODA

Oliver, quisiera estar,
En tu boda, allí presente;
Para poderte abrazar,
Y darte un beso en la frente.

La vida nos da sorpresas,
Preñadas de bendición;
Siempre Dios tiene riquezas,
Para cada ocasión.

Inclino mi rostro a tierra,
Y elevo por ti un clamor;
Que el Bendito te proteja,
Y les cubra con su amor.

Virtudes sean otorgadas,
A los dos del Redentor;
Para que su unión llevada,
Sea de gozo, paz y amor.

Esperaste con cautela,
Para poder decidir;
A hacer un pacto en que abuela,
Ni aun se pudiera inmiscuir.

Regocíjate con ellos,
En armonía con tu amada;
Luego sigue a Los Proverbios,
Que ablandarán tu almohada.

En cantar de Los Cantares,
Hay muchos cantos de amor;
Que llenan a los hogares,
De dulzura y de candor.

No serás mas que su amado,
A quien ella seguirá;
Y en tus huellas, con cuidado,
Sus pies también pisarán.

Ten cuidado Hijito mío,
Que tenaz es la pasión;
No seas ni tibio ni frío,
Como dice Salomón.

Únete al Señor primero,
Que él te sature de Gracia;
No le tengas de tercero,
Para que esa te baste.

Bella como lo es la luna,
O radiante cual fanal;
Como las flores ninguna,
Como el bello y dulce hogar.

Que ese hogar sea cual fragancia,
Que perfume un gran ambiente;
Dios les colme de abundancia,
Y su protección sea siempre.

Y que al dirigir con gracia,
El altísimo Señor;

El les cubra con su manto,
De paz, gozo y santo amor.

Acuérdate de tus padres,
De tu hermano y los demás;
No te olvides de agradarles,
Y Dios te bendecirá.

Para mi nieto "Pocholo": Oliver Melvin Maldonado
en su boda. 14 de Febrero de 2002

ANIVERSARIOS DE BODAS

A MIS DOS HIJOS JACOBO Y FAUSTO MALDONADO BRITO

LA SONRISA

Otro año ha transcurrido,
Mas rápido que la brisa;
El amor se ha mantenido,
Y nos queda la sonrisa.

Hoy tenemos otro año,
De esta unión matrimonial;
Y Dios nos llenó de dicha,
Para poder soportar.

El eterno Dios amado,
Nos llenó de su caricia;
De su unción nos ha colmado,
Nos preserva la sonrisa.

Campeamos la situación,
De la unión, y a toda prisa;
El Señor nos dio su gracia,
Y continúa la sonrisa.

Otras cosas familiares,
Que sucedieron a prisa;
Loida viajo a otros lugares,
Pero queda la sonrisa.

Y cual las alas de un ave,
Que se remonta en la brisa;
Nos envía felicidades,
Envueltas en la sonrisa.

Nos dice: ¡Adelante hijos!,
Sigan a Dios bien a prisa;
El es nuestro fiel amigo,
Y les dará la sonrisa.

Y ni aun las grandes tormentas,
Cargadas de fuertes brisas;
Podrán jamás desplazar,
De su hogar a la sonrisa.

Para Fausto y Mery en su octavo aniversario.
Con mucho amor de su madre Loida.
Y que la sonrisa se mantenga siempre a flor del rostro de ustedes.

JACOBO Y MADELINE

Este es un día muy precioso,
Apto para recordar,
Que con amor y alborozo,
Se decidieron casar.

Llegó su unción, matrimonio,
Donde firmes se juntaron;
Juntos dan un testimonio,
Del amor que se brindaron.

La tarde caía serena,
Y la brisa era veloz;
Cubriendo de gracia plena,
Y de bendición de Dios.

Otra pareja se unió,
Dice el cantar de las aves;
Y el astro rey que escuchó,
Su aprobación fue a brindarles.

Lazos de amor sacrosanto,
Se terminaron de unir;
Dios les cubra con su manto,
En este bello existir.

Hoy llega otro aniversario,
Lleno de amor y alegría;
Otra hoja en el calendario,
Significando ese día.

En fecha tan especial,
Cuando llegan los recuerdos;
Que no se deben borrar,
Ni olvidar esos acuerdos.

Yo doy gracias al creador,
Por encontrarme presente;
Deseándoles lo mejor,
Y guía del Omnipotente.

Que la bendición de Dios,
Siempre esté en este su hogar;
Y que corra cual los ríos,
Armonía y paz a raudal.

FAUSTO & MERY
BIEN O MAL

Hoy cumplimos siete años,
De esta unión matrimonial,
Seguro que se preguntan:
¿Me ha ido bien, o me ha ido mal?

En el año ochenta y ocho,
Fue una cosa sin igual;
Noviazgo, pum….......matrimonio,
¿y ha sido de bien, o de mal?

Bendiciones han venido,
Cada vez mas, a raudal,
Y la frase se repite:
¿Me ha ido bien, o me ha ido mal?

Me encontré con un carácter,
Dócil, suave y sin igual;
Y en mi suspirar exclamo:
¿Me ha ido bien, o me ha ido mal?

Es difícil ajustarse,
Y acomodarse a la par,
Para poder explicarse
¿Si me ha ido bien, o me ha ido mal?

Primero llegó Faustico,
Un niño muy especial,
Luego la dulce Talía,
¿Me ha ido bien, o me ha ido mal?

Llegaron los siete años,
Rápido como tal;
Cual brisa fresca en verano,
¿Me ha ido bien, o me ha ido mal?

Y hay muchas cosas secretas,
Que no las puedo contar;
Si sigo con cantaleta,
¿Me irá bién, o me irá mal?

Cada día en nuestra vida,
El secreto principal;
Es, que nuestro Dios nos cuida,
Y nos va bien, nunca mal.

EN TU AUSENCIA

Gracias a Dios por cumplir,
Un aniversario más;
Por tener una familia,
En unión matrimonial.

Pero hay algo muy curioso,
Que les voy a confesar,
Y es que estábamos tan lejos,
Que ni aún el tiempo era igual.

Allá de día, aquí de noche,
Noche aquí y día allá;
El clima es muy diferente,
Y decir todo es demás.

Yo aquí en Santo Domingo,
Con Faustico y Talía,
Ellos esperan conmigo
Noticias aunque tardías.

Por eso el aniversario,
esta vez no coincidió;
A ella le tocó primero...
Y después a mi me llegó.

La distancia era a millón
Pero nuestro amor es el mismo,
Aunque ella está en Japón
Y yo aquí en Santo Domingo.

Unidos, aunque distantes,
Sé que hemos permanecido,
Pues Dios nos ha conservado,
Unidos, si, siempre unidos.

A mi amada esposa (Mery) mientras estudiaba en Japón,
de su esposo Fausto, escrito por su madre Loida, con todo su amor

TEN YEARS AGO
MI PRIMER DECADA

Es poco lo sucedido,
Damos gracias al Gran Dios;
Porque nos ha bendecido,
Desde "ten years ago".

Imagínense, primero,
Era un idilio de dos;
Pero luego transcurrieron,
"Ten years ago"

Deseábamos un hijo,
Y lo pedimos a Dios;
Se nos dio el bello prodigio,
"Ten years ago"

Y continuó nuestro hogar,
Con la bendición de Dios;
Y continuamos orando,
"Ten years ago"

De repente una bebita,
Vino fue de parte de Dios;
Una bella princesita,
"Ten years ago"

¡Oh Dios y padre de siempre!,
¡Cuántos regalos de amor!;
¡ Guárdanos unidos fieles!,
Como "ten years ago"

Para Fausto y Mery Maldonado Payano,
mis últimos hijos, en su aniversario de bodas.
Con mucho y grato amor sincero de su madre Loida Brito.
25 de Enero de 1998

POEMAS VARIADOS

ALTAGRACIA GALVAN
(Fallecida)

Alta gracia tendrás siempre,
Del Dios todopoderoso;
Quien con un celo ferviente
Te llenará de su gozo.

Fuiste mi apoyo, veces incontables,
En lo moral y físico también;
Por eso pido al Padre que te pague,
Con ricas bendiciones y sostén.

Que el altísimo te cubra con su sombra,
Y junto a los tuyos, te llene de bien;
Que destellos de amor irradies
Que la gracia de Dios ahora, sea tu sostén.

A mi amiga y hermana de tantos años.

CARMEN SOSA

Felicidades eternas,
Al Dios vivo le imploramos;
Y una plegaria muy tierna,
En tu favor invocamos.

En tu rostro se refleja;
Esa mirada de amor;
Tu dulzura se asemeja,
Al trinar de un ruiseñor.

Carmen, que la dicha eterna,
Nunca se aparte de tí;
Pues eres chica muy tierna,
Y apreciable cual rubí.

A mi compañera de labor

~EPÍLOGO ~

El mensaje en sus versos nos habla de esa contínua dependencia del Dios de amor, con la cual doña Loida vivía su día a día. Ese amor que trascendía y traslucía transmitido en gozo y paz; en fé en momentos de incertidumbres, en fortaleza en momentos de debilidad y en esperanza en momentos de desalientos.

Su vida y su obra reflejada en estos versos siguen animando nuestro espíritu, porque estamos unidos a ese mismo Espíritu Santo que guió a doña Loida y por lo cual seguimos confiadamente los pasos en los caminos que el Señor nos ha trazado y en cuyo caminar nos dió testimonio. Fue pastora y madre para muchos; allí donde estaba la necesidad, estaba ella presta a servir y a brindar ese amor desbordante de la gracia de Dios. Reconfortando con su sonrisa y sus palabras de aliento, sus consejos, exhortaciones y aún sus correcciones fueron siempre expresados en amor.

Una vez más ha sido ella el ente que ha movido a su núcleo familiar, fraternal y de amistad a celebrar los dones de Dios y dirigirnos como ella "A mi amado Dios". Con esta recopilación de sus versos nos hará transitar por caminos profundamente espirituales y de remembranzas que elevarán nuestro espíritu a sublimes momentos y a extasiarnos en ellos; en ocasiones nos introducirá en la cotidianidad de su hogar y en la intimidad de su familia contagiándonos de su risa, en ocasiones veladas, en ocasiones tan vívidas que sólo nos toca reír como si al presente estuviéramos viviendo el momento.

La Biblia nos dice, Bienaventurados los que mueren en el Señor, porque sus obras con ellos siguen. Ciertamente la obra de doña

Loida sigue en cada miembro de su familia, en cada hermana y hermano que pastoreó y en cada alumno(a) y amiga(o) a quien brindó su amor filial y fraternal. Con dejar aflorar sus enseñanzas a nuestras vidas, estaremos agradeciendo a Dios por su vida y testimonio.

Eunice Pérez de Portorreal

SOBRE LA AUTORA

Loida Eunice Brito Vda. Maldonado, nació en la provincia de María Trinidad Sánchez (Nagua), hija de los señores Alejandro Brito y Ana Teresa Bruno.

Su primera infancia la pasó en la ciudad de Nagua trasladándose luego a Sabana de la Mar donde realizó sus estudios secundarios. Desde su niñez se destacó como una persona cariñosa, amable, alegre y obediente.

Casó con el Señor Jacobo Maldonado Trinidad, con quien procreó 4 hijos: Ramona Elisa Maldonado Brito, Jacobo Maldonado Brito, Dulce Esperanza Maldonado Brito y Fausto Alejandro Maldonado Brito, los que siempre cobijó con amor y ternura, siendo madre, amiga y consejera.

En su segunda adultez paso a residir con toda su familia a la ciudad de Santo Domingo, D. N., buscando mejorar el nivel intelectual tanto de ella como de su familia, la que amó y condujo a los pies del Señor incansablemente.

Realizó sus estudios universitarios en la Universidad Nacional Pedro Henríquez Ureña, donde se graduó de Lic. en Educación mención Matemáticas. Fue profesora de esas ciencias en diferentes colegios y escuelas públicas, entre las que podemos mencionar: Liceo Secundario Domingo Faustino Sarmiento, Liceo Secundario Virginia Pou, Colegio El Nuevo Liceo, Escuela Publica Primaria Quisqueya, Liceo Secundario Juan Pablo Duarte, Liceo Secundario El Millón, tomó parte como equipo de la Universidad Nacional Evangélica (UNEV).

Su vida secular siempre estuvo unida a Cristo (tal y como decía), su empeño mayor siempre fue llevar el mensaje de Dios a todas aquellas personas que la rodeaban.

Sirvió en la obra misionera al frente de algunas congregaciones como: Iglesia Metodista Libre Ensanche Luperón, Iglesia Metodista Libre Ensanche Quisqueya, Iglesia Metodista Libre Jardines del Norte (Fundadora), Iglesia Metodista Libre Los Ríos, llevando así insistentemente el Mensaje de la Palabra de Dios. Participó en congresos representando el concilio tanto en el País como en: Estados Unidos, Brasil, Chile, México, Canadá, Puerto Rico, y otros.

Perteneció al equipo de fundadores de la Sociedad de Damas de ese Concilio, así como de la Sociedad Misionera de Jovencitos (SOMIJO), al igual fue miembro de la Junta Directiva de la Sociedad Bíblica Dominicana y de la Rama Femenina.

Su estrecha relación con Dios fue tomada muy en cuenta porque más tarde radicó en Lawrence, Massachussets, hospedada en casa de su hijo con el objetivo de terminar la obra que el Señor había puesto en sus manos de acuerdo a Proverbios 20:6. Era muy sensible a la voz de Dios, cumplía fielmente sus preceptos, siempre celosa de su obra y todo lo que la representaba. Oró hasta ver la Gloria de Dios manifestada en su familia, y el vivir tan cerca de Dios le permitió escribir algunos poemas y mensajes durante una enfermedad, la que recibió como el paso para llegar al cielo.

Estos poemas, versos y mensajes quedarán grabados en nuestros corazones y en nuestras mentes.

¡¡¡¡NOS VEREMOS EN GLORIA, QUERIDA MADRE!!!!

Ramona Elisa Maldonado Brito

DEDICATORIA

Uno de los versículos mas mencionados por nuestra madre era: *"Buscad primeramente el reino de Dios y su justicia, y todas estas cosas os serán añadidas". San Mateo 6:33.*

Estamos convencidos que esta promesa es cierta, sólo Él conoce nuestras necesidades y todo lo contesta a su tiempo, que como hoy ella no está, ha sido una realidad ver los resultados de buscar primeramente el reino de Dios. Continuamos nosotros sus hijos.

Dedicamos estos poemas primeramente *"A mi amado Dios"* y luego aquellas personas que viven enamoradas de Él, crean que su autora Lic. Loida Eunice Brito Vda. Maldonado, sí supo vivir con su verdadero AMADO.

En los momentos alegres, tristes y en misiones siempre estuve a su lado y aún puedo recordar el lugar donde escribió su primer poema (1996) *"A mi amado Dios"*, pasando por una crisis familiar en la que nos involucramos todos, hubo un momento que ella dijo esta frase: Voy a escribir poemas para Dios, ojalá Él me dé el privilegio de escribir un libro y si no que mi descendencia continúe.

El deseo de ella quedó en mi mente y corazón calando cada día, hasta que orando al Señor por este propósito, llorándole a Él, hablando con mis amistades y recopilando datos, hoy vemos el sueño hecho realidad y como decía ella *"Al Dios de pactos eternos y de promesas inquebrantables"* gracias por habernos concedido esta petición.

Una de las peticiones en su vida fue la elaboración de un libro de poesías, y decía que si sus ojos no veían esta realidad que lo vieran sus hijos y nietos y su generación y así lo ha permitido el señor.

Por eso madre adorada bendecimos a tu Amado Dios, quien nos dió el privilegio de tenerte, sabemos que estás con Él en los cielos; tú que siempre diste amor a todas aquellas personas que te rodearon, un amor incondicional. A ellos dedicamos este libro A MI AMADO DIOS.

Esperamos que los poemas que contiene este libro marquen en los corazones de cada lector una huella de amor y del Dios amado de nuestra madre. Gracias por tu bendición.!!!!

Dulce Esperanza Maldonado Brito

TESTIMONIOS

~ *UN BÁLSAMO DE PAZ* ~

En el año 1988 fui nombrada coordinadora de la Sociedad Misionera Femenina (Iglesia Metodista Libre), conjuntamente con la hermana Loida. Era un cargo de mucha responsabilidad y teníamos que realizar visitas mensualmente a las sociedades de Damas en las diferentes regiones del País. Como yo era nueva en esto, la hermana Loida me acompañaba y en todo tiempo estaba dispuesta para el trabajo en la obra de Dios.

En una ocasión viajábamos hasta Sabana de la Mar, Región Este del País, ella tenía que predicar en la Iglesia ese Domingo por la mañana (esto fue maravilloso), sin embargo no nos habíamos percatado, que los domingos por la tarde la compañía de transporte (en ese entonces) no realizaba los viajes acostumbrados. Comencé a preocuparme de manera tal, que la hermana Loida me observa y me dice: Sierva, (como siempre me decía), no se preocupe que el Señor nos va a proveer.

Me tranquilicé un poco y comenzamos a gestionar cómo llegar a la Capital, hasta que encontramos un hermano que tenía una camioneta, lo único que no llegaba hasta allá, y el asiento que había disponible era en la parte de atrás, yo con mi copete y orgullo le digo a la hermana: ¿y ahí es que nos vamos a montar?...Ella me dice con toda su paciencia y dulzura. Si sierva, no cabemos alante y esto es lo que Dios ha dispuesto; pero así bien disgustada, subí al vehículo, todo el camino desconsolada y hasta enojada conmigo misma...La hermana Loida no, ella cantaba, se reía y entre risa y risa me decía: Sierva, esa es la función de la coordinadora.

Siguió cantando y así yo fui sintiendo un bálsamo de Paz, que llegamos al lugar y no me había dado cuenta, sus canciones y risa me confortaron, luego ella con un suspiro dijo: ¡Gracias Señor que nos trajiste!.

Quiero decir que esta experiencia con mi hermana Loida, Sierva de Dios, me enseñó a moldear mi carácter, a darle siempre el primer lugar a las cosas de Dios y aprendí de ella el buen ánimo que nunca perdió, pues confiaba en su "Amado Dios".

Fue una mujer llena de virtudes y dones especiales, marcó en mí un cambio temperamental. Hasta el día de hoy me apoyó siempre en el aspecto secular y fue mi guía espiritual. Con ella pude confirmar, como dice la Palabra de Dios, "Que el trabajo en el Señor no es en vano"...

Hermana Carmen La Paz

Llegué a la congregación que dirigía la hermana Loida, pastora de la Iglesia Metodista Libre, Los Jardines del Norte, totalmente estropeado y con muchas frustraciones, combatiendo una enfermedad de diabetes, que en el momento menos pensado se me bajaba la glucosa y me desmayaba. Esto hacía que me alejara de las personas con mucha facilidad, aunque generalmente era una persona alegre. Doña Loida, mi pastora, me recibió con un amor inigualable, siempre con una sonrisa a flor de piel. Le dije que yo podía trabajar en la iglesia tocando el Bongó...y sin pensarlo me nombró como encargado de la música y de ahí en adelante en el primer asiento ya ella me tenía ese instrumento listo, esto me impactó mucho y me hizo sentir muy importante.

Ella, para cada fecha hacía una actividad donde pregonaba el evangelio y también aspectos sociales, como: Escuela Bíblica de Verano, Día de Acción de Gracias, Día de la Amistad, Día de las Madres, Mes de la Familia, Día de Navidad, etc.

En época de navidad hacíamos dramas especiales al aire libre, como una tarde cuando salimos a pie a celebrar el día del Niño en el Parque Jardín Botánico con más de 50 niños, todos íbamos contentos cantando, llevamos golosinas, regalos y algo más.

En esa ocasión usábamos disfraces de Gaspar, Melchor y Baltasar porque era época de navidad, yo tenía el papel de Baltasar. Esa tarde la temperatura estaba bien caliente y mientras brincaba y cantaba con los niños, sentía que el sudor me corría por la espalda y comencé a ver negruras, eso me dió tan fuerte que me acerqué a Doña Loida, le digo lo que está pasando, ella oró, me mejoré un poco y continué con los niños. Y casi terminando me dió de nuevo un mareo, parecía como si me estuviera ahogando, me arrancaba la ropa, el disfraz no sé donde fue a parar, hasta que caí al piso, escuché entonces cuando los niños decían... ¡Doña Loida! ¡Corra, venga, que se muere Juan! Ella atendió al llamado y dijo: ¡Oh, es una baja de azúcar! Tomó un dulce, me lo puso en la boca...y escuchaba cuando ella sonriendo decía: ¡JUAN, JUAN DESPIERTA, ESTAMOS AQUÍ, TODAVÍA NO ES TU HORA! Ahí me moví, abrí los ojos y sentí que todo volvía a la normalidad. La hermana Loida manifestó que debemos dar gracias a Dios por esta oportunidad; oramos y creí en esa oración, tomé un poco de agua y dimos por terminada la actividad.

Mujer siempre entregada a los demás, nunca me dejó solo. Tenía una unción en sus manos, que cuando tocaba a un enfermo se sanaba. Ella me enseñó a creerle al Dios de Pactos Eternos y de Promesas inquebrantables. Hoy por hoy, doy toda la Gloria a Dios por haber sido discípulo de esta mujer de Fé.

Hermano Juan Calzado

~ *EL CUIDADO DE UN PASTOR* ~

Doña Loida, sierva y testigo fiel de Cristo, quien al igual que Pablo imitó siempre al Señor, de forma tal que todos los que la conocían, pudiésemos imitarla, bajo la certeza de que también nos pareceríamos a Cristo.

Ella me enseñó muchas cosas como cristiana que me han servido de mucha bendición, como llevar las vestiduras dignas que estamos llamadas a usar las mujeres que ministramos en el nombre de Jesús.

Yo era nueva creyente, y ella me daba fiel seguimiento tanto en la enseñanza bíblica como en lo secular.

La primera vez que dirigí un culto, fue de oración, llegué con una falda corta por encima de las rodillas, muy ajustada y con la blusa por dentro (yo pensaba que estaba muy bien), pues antes acostumbraba a usarla más corta.

*Cuando ella, que estaba junto a mi mamá me vió, comenzó a reír con esa risa llena de dulzura que la caracterizaba, sin embargo me hizo algunos elogios e indicaciones con relación a la dirección del culto y antes que los hermanos llegaran exclamó: ¡¡NO, NO, PUEDO SOPORTAR!!, y se levantó de su asiento, se me acercó abriendo el zipper de la falda, me la bajó hasta mis caderas, quedando así por debajo de las rodillas y me sacó la blusa por fuera para que no se viera nada que desviara la vista de los hermanos, fue entonces me dijo: AHORA SÍ, YA ESTÁS LISTA. Porque hasta en eso fue celosa de la obra
de Dios.*

En otra ocasión, el primer Domingo que me correspondió tomar la Santa Cena llegó, y como ella tenía por costumbre pararse en la puerta de la iglesia a recibir a los hermanos con su rostro siempre alegre, me recibe mucha alegría, pero ya había visto que tenía unos pantalones bien ajustados, con su dulzura me susurra al oído y me dice: VEN, ACOMPAÑAME, me llevó a su casa, y me dice: siéntate, vengo ahora. Después de dar vueltas y vueltas, sale de la habitación con una falda y una blusa y me dice: Mira, mi hija ponte esto y cuando estés lista nos podemos ir para la iglesia, yo que todavía no sabía de que se trataba, quería quedarme con mis pantalones porque me sentía bien. Ella no me habló nada, pero entendí que en la Casa de Dios, nuestra vestimenta debe ser diferente. En verdad estos cuidados y atenciones de mi pastora Loida, me hicieron sentir cómo el Señor, a través de su sierva, me instruía y entregaba nueva vestidura para ministrar en su presencia.

Gracias Pastora Loida, siempre te recordaré, me enseñaste a Amar, a sentirme amada.

Hermana Rosa Polanco de Castro

TU LEGADO

Hemos transcrito tus palabras
En ellas oímos tu voz,
Donde alegre aún le cantas
A tu Amado Dios.

Me enseñaste a leer,
Cuando era bien chiquitita,
Me enseñaste a amar mi Patria,
Y que ella me necesita.

Me enseñaste a Amar a Dios
Aprendí a leer con un himnario,
Me encaminaste a la salvación
Por tí agradezco a diario.

Me entregaste a mí la antorcha,
De escribir, de soñar,
Junto al Padre ríes orgullosa,
Cuando me ves rimar

Gozarías tanto aquí,
Viendo lo que tu hijos publicaron,
Haciéndote cada día felíz
Y al Dios que todos adoramos.

Te siento viva en mí,
No solo en mi alma y letras,
Tengo tu gran naríz,
Tus bellos ojos, tus piernas.

El mundo siempre te recuerda,
No es extraño que en sitios oiga:
"¡Te pareces tanto a tu abuela!
¡Ay sí! ¡Esa es la nieta de doña Loida!"

Sé que no puedo ser egoísta,
Te tuve 10 años conmigo,
Dios quería tenerte más cerca
Pues era tu mejor amigo.

Este es tu libro, es tu legado,
Para el que no te conoció,
Pues los que gozamos de ese regalo,
Te llevamos en el corazón.

Nos vemos pronto abuelita

Talía Alejandra Maldonado Payano

Gracias

Tus hijos

Ramona Elisa Maldonado Brito, Jacobo Maldonado Brito, Dulce Esperanza Maldonado Brito y Fausto Alejandro Maldonado Brito, Angelica Maldonado Reyes, María del Carmen Payano, Madeline Martínez y Humberto Hilario

Gracias a quien nuestra madre tanto amó, nuestro padre celestial y a cada una de las personas que nos apoyaron para que este sueño sea hecho una realidad.

Lightning Source UK Ltd.
Milton Keynes UK
UKHW020833151220
375245UK00004B/768